Índice

La astuta ave atrapa al gusano

¿Sabías que los humanos no son las únicas creaturas que pueden resolver problemas? Los animales también pueden resolver problemas y misterios. Algunos investigadores decidieron estudiar cómo resuelven problemas los grajos. Los grajos son una especie de cuervos que pueden resolver problemas de manera sorprendente. Los investigadores querían aprender más acerca de las formas en las que estas aves resuelven problemas.

ANIMALES QUE RESUELVEN PROBLEMAS

De Michelle Garcia Andersen
y Pablo de la Vega

Rourke

ANTES Y DURANTE LAS ACTIVIDADES DE LECTURA

Antes de la lectura: *Desarrollo del conocimiento del contexto y el vocabulario*

Construir el conocimiento del contexto puede ayudar a los niños a procesar la información nueva y a usar la que ya conocen. Antes de leer un libro, es importante utilizar lo que ya saben los niños acerca del tema. Esto los ayudará a desarrollar su vocabulario e incrementar su comprensión de la lectura.

Preguntas y actividades para desarrollar el conocimiento del contexto:

1. Ve la portada del libro y lee el título. ¿De qué crees que trata este libro?
2. ¿Qué sabes de este tema?
3. Hojea el libro y echa un vistazo a las páginas. Ve el índice, las fotografías, los pies de foto y las palabras en negritas. ¿Estas características del texto te dan información o ayudan a hacer predicciones acerca de lo que leerás en este libro?

Vocabulario: *El vocabulario es la clave para la comprensión de la lectura*

Use las siguientes instrucciones para iniciar una conversación acerca de cada palabra.

- Lee las palabras del vocabulario.
- ¿Qué te viene a la mente cuando ves cada palabra?
- ¿Qué crees que significa cada palabra?

Palabras del vocabulario:

- creaturas
- herramientas
- hienas
- investigadores
- perspicacia
- presas
- resolver problemas
- termitas

Durante la lectura: *Leer para entender y conocer los significados*

Para lograr una comprensión profunda de un libro, se anima a los niños a que usen estrategias de lectura detallada. Durante la lectura es importante hacer que los niños se detengan y establezcan conexiones. Esas conexiones darán como resultado un análisis y entendimiento más profundos de un libro.

Lectura detallada de un texto

Durante la lectura, pida a los niños que se detengan y hablen acerca de lo siguiente:

- Partes que sean confusas.
- Palabras que no conozcan.
- Conexiones texto a texto, texto a ti mismo, texto al mundo.
- La idea principal de cada capítulo o encabezado.

Anime a los niños a usar las pistas del contexto para determinar el significado de las palabras que no conozcan. Estas estrategias los ayudarán a aprender a analizar el texto más minuciosamente mientras leen.

Cuando termine de leer este libro, vaya a la penúltima página para ver las **Preguntas relacionadas con el contenido** y una **Actividad de extensión**.

Estos investigadores dieron a las aves tubos de agua con gusanos. También les dieron piedras. Los tubos estaban llenos de agua solo hasta la mitad. Los investigadores vieron cómo las aves lograban atrapar a los gusanos. ¿Qué piensas que hicieron las aves? ¿Cómo resolvieron los grajos el problema?

¿Cuál es su problema?

Hay muchas razones por las cuales los animales resuelven problemas. Algunos lo hacen porque no quieren darse por vencidos. Aprenden de sus errores. A esto se le conoce como *ensayo* y *error*. Incluso cuando se equivocan siguen insistiendo hasta que lo logran. Un ejemplo de esto es un perro que trata de escapar a través de una cerca y no deja de intentarlo hasta que logra hacerlo.

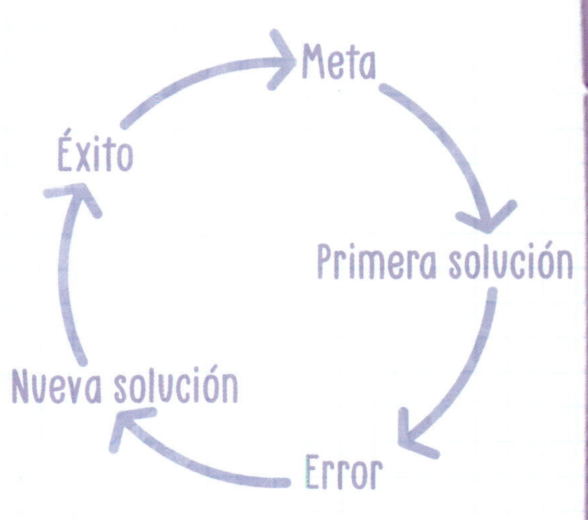

Aprender a través del cambio

Encontrar una solución puede tomar varios intentos. La mayor parte del tiempo la persona o el animal intentarán soluciones que no funcionan antes de encontrar una que sí. Los pasos de este proceso se muestran en el diagrama al lado.

Los animales también solucionan problemas viendo a los demás. Ven a otros animales o personas y los imitan. Esto sucedió con un macaco en Japón. El mono vivía cerca del mar y comía batatas, no le gustaba que tuvieran arena así que las lavaba con agua. Le gustaba limpiar sus batatas antes de comérselas. Los demás macacos del grupo lo miraban con atención. Pronto, todos habían aprendido a lavar sus batatas.

Algunos animales resuelven problemas usando su **perspicacia**. Eso significa que tienen la habilidad de entender todo con rapidez. Los elefantes son un ejemplo de animales con perspicacia. Los científicos han observado a otros animales siendo perspicaces. Un animal que se para de pronto sobre una caja para alcanzar una rama alta es perspicaz.

Al encuentro de soluciones

Algunos animales resuelven problemas para encontrar comida. Por ejemplo, los chimpancés comen **termitas** que están bajo la tierra. Para los chimpancés es difícil alcanzar su comida y resuelven este problema usando **herramientas**. Colocan palos y ramas pequeñas en los hoyos donde viven estos insectos y los sacan. A esto se le conoce como *pesca de termitas*.

Los cuervos también resuelven problemas y usan herramientas para obtener comida. Conectan objetos para hacer varas largas y usan estas herramientas para obtener comida que está fuera de su alcance. Los cuervos usan lo que pueden para resolver problemas y obtener lo que quieren.

Hay animales que trabajan en equipo para resolver problemas. Algunos investigadores querían saber si las **hienas** moteadas podían trabajar en equipo. Dos hienas tenían que halar una cuerda al mismo tiempo. Las cuerdas abrían una caja que estaba colgada arriba del suelo. La caja estaba llena de comida. Las hienas no habían sido entrenadas pero supieron qué hacer: Tiraron de las cuerdas y la comida cayó hacia ellas. ¡Resolvieron el problema rápidamente!

Algunos animales resuelven problemas para mantenerse seguros. Existe un tipo de pulpo que usa cáscaras de coco y conchas de mar como herramientas de seguridad. Este pulpo arrastra las cáscaras o conchas consigo y se mete dentro de ellas cuando está en peligro. También las usa para atrapar a sus presas. El pulpo espera que su comida esté cerca y ¡SORPRESA! El pulpo sale veloz y atrapa su comida.

El pulpo Inky

Un pulpo famoso

Los pulpos pueden resolver misterios y problemas. Un pulpo llamado Inky era tan bueno haciéndolo que se volvió famoso. Una noche, Inky escapó de su tanque, se deslizó por el drenaje y llegó al mar.

El cuervo lo sabe

Ahora que sabes más sobre la forma en la que los animales resuelven problemas, piensa en los grajos del inicio del libro. Necesitaban comerse a los gusanos que estaban dentro de los tubos de agua. ¿Cómo crees que resolvieron el problema?

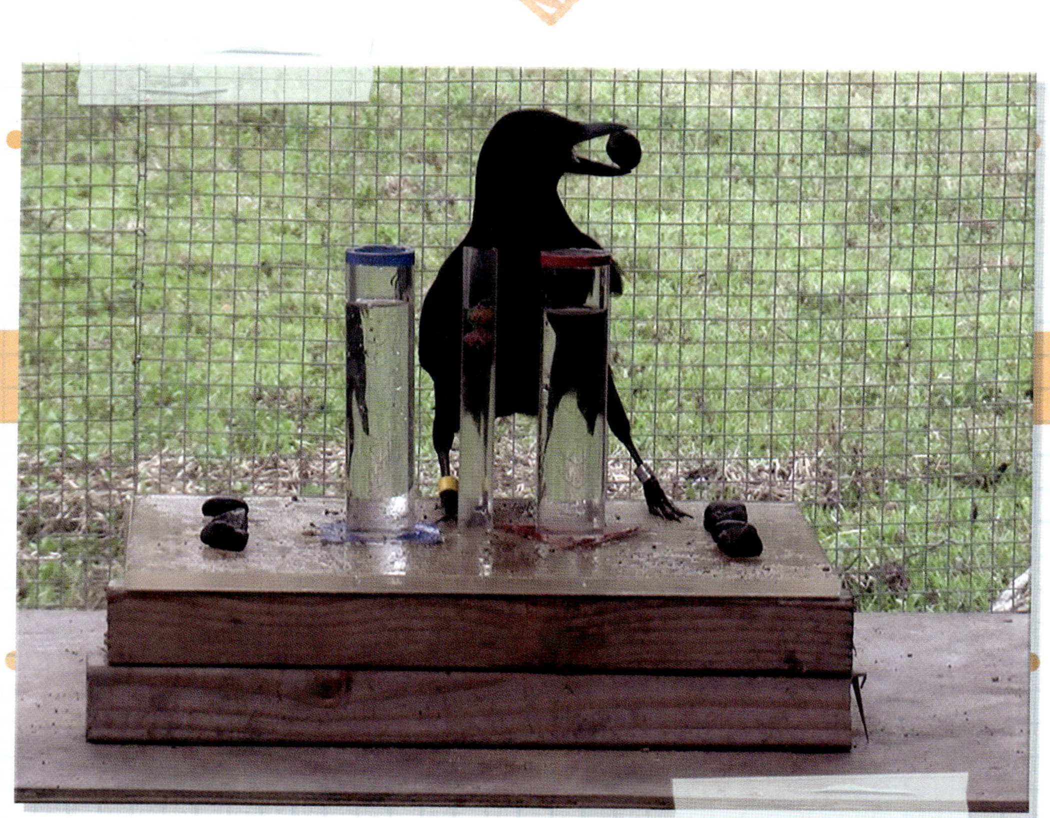

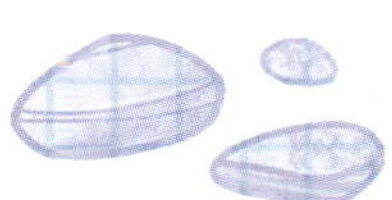

Los grajos usaron las rocas para ayudarse.
Arrojaron las rocas a los tubos de agua. Las
rocas elevaron el nivel del agua: Esto hizo que los
gusanos quedaran al alcance de los grajos. Incluso,
los grajos sabían qué rocas eran las más adecuadas
para lograrlo. Mientras más grandes, menos
rocas necesitarían. Estas aves son tan buenas
resolviendo problemas como un niño pequeño.
¡Eso es asombroso!

Para conocer más acerca del estudio de caso
y de los científicos de este libro, busca en línea
«experimento de grajos con tubos de agua» y
«el Dr. Nathan Emery y los grajos».

¡Sé creativo! Actividad de extensión sobre animales

Los animales pueden resolver problemas de muchas maneras. Los humanos también, pero usualmente contamos con inventos que nos ayudan. ¡Puedes aprender de los animales! Diseña un experimento que ponga a prueba una nueva forma de resolver problemas en tu vida cotidiana inspirada en los animales.

1. Haz una lluvia de ideas de tres problemas que tienes y que un animal también podría tener. Por ejemplo, podrías pensar en algunos alimentos que son difíciles de comer.

2. Busca maneras en las que los animales resuelven este problema o problemas similares.

3. Decide qué método de resolución de problemas quieres probar. Haz los ajustes que sean necesarios para que funcione con el problema que necesitas resolver y los objetos que tienes a la mano.

4. ¡Pon a prueba tu nueva habilidad de resolución de problemas!

Diseña tu estrategia de estudio. Asegúrate de que sea segura para cualquier ser vivo. Escribe un plan y compártelo con un amigo.

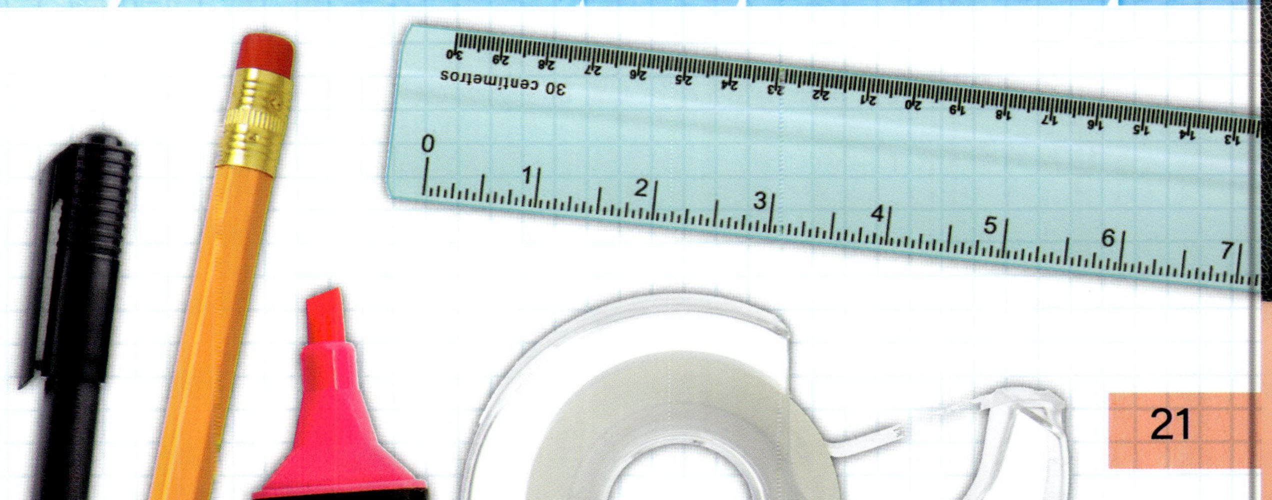

Glosario

creaturas: Seres vivos, ya sean humanos o animales.

herramientas: Piezas de equipamiento que se utilizan para realizar trabajos específicos (por ejemplo, para reparar o hacer cosas).

hienas: Animales salvajes que se parecen a un perro.

investigadores: Gente que colecciona y estudia información acerca de un tema a través de la lectura, la investigación o la experimentación.

perspicacia: La habilidad para entender algo que no es obvio.

presas: Un animal que es cazado por otro como alimento.

resolver problemas: Responder o explicar una situación difícil, un misterio o una necesidad.

termitas: Insectos similares a las hormigas y que comen madera.

Índice alfabético

Preguntas relacionadas con el contenido

1. ¿Por qué la perspicacia es importante para los animales al resolver problemas?
2. ¿Cómo sacan los chimpancés a las termitas de los hoyos en la tierra?
3. ¿Cómo usan algunos pulpos las cáscaras de coco y las conchas de mar?
4. ¿Por qué los macacos japoneses lavan sus batatas con agua antes de comerlas?
5. Menciona dos tipos de animales que trabajan en grupo para resolver problemas.

Lecturas adicionales (en inglés)

Duling, Kaitlyn. *Hyenas*, Bellwether Media, 2019

Montgomery, Sy. *The Octopus Scientists*, HMH, 2015.

Pringle, Laurence. *Crows!: Strange and Wonderful*, Boyds Mill Press, 2010.

Acerca de la autora

Michelle Garcia Andersen vive en el sur de Oregón. Tiene tres hijos adultos y muchas mascotas. Michelle ha tenido la fortuna de educar a varios perros a lo largo de su vida: son sus animales favoritos. Su perra actual, Stella, resuelve problemas. Stella aprendió por ensayo y error cómo escapar de su perrera para correr libre.

www.rourkebooks.com

PHOTO CREDIT: Cover ©Rudmer Zwerver, ©Emi, ©Dorothy.Wedel, ©Valentina Razumova; back cover ©apiguide; p2 ©32 Pixels; p4 ©LFRabanedo; p5 ©FrimuFilms; p5 ©32Pixels; p6 ©Artur Bociarski; p7 ©South_agency; p7 ©32Pixels; p8 DGDimages; p9 ©Aksakalko; p9 ©32Pixels; p10 ©Nature Picture Library; p11 ©GUDKOV ANDREY; p11 ©32Pixels; p12 ©Alexwilco, ©mark Higgins; p13 ©Martin Fowler, ©Sandra Standbridge, ©32Pixels; p14 ©J.NATAYO; p15 ©Cristine Drea; p16 ©David Evison; p17 ©Sascha Janson, ©National Aquarium of New Zealand, ©32Pixels; p18 ©Dr. Sarah Jeibert; p19 ©Sue A Dunning; p20 ©OvidiuAndrei; p21 ©BonD80, ©Boltenkoff, ©IB Photography, ©Hurst Photo, ©Frame Art; p24 ©Michelle Garcia Andersen

Editado por: Laura Malay
Diseño de la tapa e interior: Tammy Ortner
Traducción: Pablo de la Vega

Library of Congress PCN Data

Animales que resuelven problemas / Michelle Garcia Andersen
(Investigaciones sobre el comportamiento animal)
ISBN 978-1-73165-452-6 (hard cover)(alk. paper)
ISBN 978-1-73165-503-5 (soft cover)
ISBN 978-1-73165-536-3 (e-book)
ISBN 978-1-73165-569-1 (e-pub)
Library of Congress Control Number: 2022939855

Rourke Educational Media
Printed in the United States of America
02-0272511937